JN438529

_______________ 님께

이 책을 드립니다.

글·그림 이유경

신아출판사

작가노트

바람이 지나는 저 언덕 너머
사랑은 하늘 구름 위에 앉아
그리움으로
꽃이 피어나고
초록이 물들고
단풍은 지쳐 낙엽지다
비가 내리고
바람이 불고
눈이 내린다
그리고
하늘 구름 높이만큼
하얗게 눈이 쌓인다

또다시 봄

기쁨이

행복이

슬픔이

외로움이

눈물이 머물며

싹이 돋아난다

바람이 지나는 저 언덕 너머로

그리움 따라서 사랑이 가고 온다

오고 간다

2017년 봄날에

이 유 경

차례

1. 남 몰래 수줍던 사랑
2. 마음이 지나는 자리
3. 그대는 알고 있나요
4. 사랑의 향기
5. 따뜻한 그리움
6. 그대에게 가는 길
7. 첫눈 내리는 날
8. 들꽃을 바라보며
9. 사랑은 더 이상 슬프지 않게
10. 그대
11. 어느 봄날에
12. 비오는 날
13. 찔레꽃처럼 하얀 독백으로
14. 아름다운 그대 사랑으로
15. 그대 정다운 마음속으로
16. 그대가 오는 날
17. 그대를 만난 오늘
18. 사랑에 잠겨 너울대던 마음
19. 초록 물들이는 마음으로
20. 사랑하는 이여
21. 눈물 훔치며
22. 그대 맑은 웃음으로

23. 하늘빛 사랑
24. 꽃보다 더 아름다운 마음으로
25. 우리 사랑이 웃음 짓는 자리
26. 사랑은 보라 빛 등불을 밝히고
27. 내 님의 향기
28. 꽃처럼 피어나는 사랑
29. 사랑은 풀꽃 머리에 이고
30. 서로를 품고 사는 숲속에서
31. 순정어린 사랑
32. 우리는 지금도 아름다운 봄 날
33. 홀로 앉아 울고 있는 슬픔
34. 그대 사랑의 힘
35. 그대 그리움
36. 사랑 전하는 봄 꽃
37. 기쁨의 눈물 한 방울
38. 푸른 희망가를 부르던 사랑
39. 그대와 나의 희망
40. 꽃으로 피어나는 그대
41. 꽃물 들이며
42. 들꽃 앞에선 부끄럽다
43. 그리운 빛
44. 마음의 향기

차례

45. 사랑으로 걸어오는 봄 산
46. 눈물 가득한 그대 눈가엔
47. 그리움 안고 가는 사랑
48. 내 사랑 풀꽃
49. 행복이 그대 손을 잡고
50. 아프게 흔들리는 인연
51. 빛바랜 시간
52. 사랑이 마음을 열고
53. 그대 영혼을 건너가는 꽃길
54. 시간은 잠시 꽃에게 머물고
55. 사랑은
56. 애끓는 내 손을 잡고
57. 그냥 멀리서
58. 풀물 든 기도
59. 연두 빛 사랑 하나
60. 소망을 담는 사랑
61. 그대 사랑으로
62. 수줍음으로 서로 부둥켜안으면
63. 달마중
64. 풍경
65. 희망으로 마음의 문을 열면
66. 서로의 아픔을 껴안고

67. 그리움이 가득 박힌 들꽃
68. 웃음 한껏 머금은 그대 향기로
69. 그리움이 침묵으로 일렁이다
70. 그대 마음 안에서 비를 맞으며
71. 햇살 눈이 시리게 맑은 날
72. 봄꿈을 안고
73. 달을 삼킨 그리움
74. 사랑이 서로 손을 잡고
75. 하늘 빛 적시며 찾아든 인연
76. 가슴 벅찬 눈물로 더 아름다운 사랑
77. 움트는 사랑
78. 사랑의 눈빛으로
79. 고귀한 사랑
80. 들려오는 그대 마음소리
81. 너울대는 작은 슬픔
82. 웃음이 둥글게 배인 그대 얼굴
83. 내 영혼의 슬픈 노래
84. 참사랑의 향기
85. 내 안에 고운 그대
86. 눈물 한 방울로 스며든 사랑

1. 남몰래 수줍던 사랑 한지, 혼합채색

남몰래 수줍던 사랑

보랏빛 그리움 물들이고
사알짝 고개 숙인 그대

아련한 기다림 속엔
하얀 달빛 쌓이며
남몰래 수줍던 사랑

맑은 이슬 내리는 밤
아슴히 젖어 오는 행복

그대 얼굴 빙긋이 웃으며
내 품안에 꽃처럼 안겨오다
고요한 하늘 빛 속으로 숨는다

2. 마음이 지나는 자리 한지, 혼합채색

마음이 지나는 자리

꽃이 피어나듯
마음과 마음이
지나는 자리마다
웃음이 자라나고

밤하늘 빛나는 별처럼
진실 된 믿음 속에
순결하고 아름다운
사랑이 꽃피어나기를

늘 푸른 기쁨으로
가슴속엔 눈물 고이지 않고
그리운 마음 하나로
늘 푸른 행복만 가득하기를

그대는 알고 있나요

그대 따뜻한 사랑 머금고
달과 별의 노래로 피워내는
내 인생의 꽃은

늘 맑은 영혼의 울림 속에
새로운 희망으로 숨 쉬고 있을
하늘의 노래

그대 가슴을 달빛으로
물들이며 웃음 짓는
여유로운 행복

그
리
고

그대 눈빛에 머물러
별빛 고운 사랑으로
다시 피어나는 순백의
아름다운 마음 꽃

3. 그대는 알고 있나요 한지, 혼합채색

사랑의 향기

생명의 빛으로 다가서는
유월의 아침에 사랑이
조심스럽게 발을 내딛는다

소녀의 꿈만큼 순수한 바람은
초록 잎 펼치며 강물 위를 흐르고
마음 깊은 곳엔 산 넘어 굽이치는 사랑

풀잎에 맺힌 이슬방울들
하나 둘 푸른 숲을 헤치며
맑은 별빛 흠뻑 적셔 갈 때

고운 계절 유월이
한 걸음 한 걸음
그대 사랑으로 건너온다

4. 사랑의 향기 한지, 혼합채색

5. 따뜻한 그리움　한지, 혼합채색

따뜻한 그리움

때 없이 밀려오는
그리운 얼굴 하나

하얀 별꽃

푸른 숨결 정다운
고운 빛으로
여름 품속에서
달빛 머금은 사랑

가슴 설레며
찾아드는
따뜻한 그리움

그 대 에 게　가 는　길

별빛 흐르는 하늘가에 달빛 웃음 머금고 나를 부르는 소리
우러러 쳐다보면 향기로 피어나는 그대의 고운 마음
그리움 열고 그대에게 가는 길
내 가슴엔 밤하늘의 별과 달을 띄워두고 이따금 바람 일렁이지만
눈 감으면 두근거리는 그대 가슴 속에서 행복으로 멍이 드는 내 사랑

6. 그대에게 가는 길 한지, 혼합채색

7. 첫눈 내리는 날 한지, 혼합채색

첫눈 내리는 날

흐리게 밀려오는 세월의 깊이 속에
하얀 눈꽃으로 덮인 아픈 상처하나

적막한 길 위엔 바람 따라
기쁨과 슬픔이 지나며 눈이 쌓이고

시린 마음 하얗게 부서지는 어둠속에서
휑하니 빈 가슴으로 잠이 든 나무들

밤새도록 소리 없이 눈 내리는 날
그리움 하나로 그대 손을 잡고

눈송이들을 따라 하염없이 걸어가는
첫눈 같은 사랑 첫눈 같은 그리움

들꽃을 바라보며

그대 진솔한 눈빛 부드럽게
내려앉아 사랑노래를 부르면
내 가슴속엔 들꽃 하얗게 피어난다

내안을 비추는 그대 따뜻한 마음이
은은하게 웃음 지으면 내 영혼은
들꽃 향기로 가득 차오른다

참 고운 물살로 부드럽게
고요히 흘러가는 시간 속에서
들꽃처럼 익어가는 우리 사랑

하늘로 오르는 아침 해를 따라서
하얀 들꽃이 고운햇살 웃음 안고
기쁨으로 붉게 물들어가고 있다

8. 들꽃을 바라보며 한지, 혼합채색

9. 사랑은 더 이상 슬프지 않게 한지, 혼합채색

사랑은 더 이상 슬프지 않게

바람 불어대던 그대와 내 가슴에
행복별 하나 해맑게 반짝이며
아름다운 마음으로 사랑이 옵니다

그대 가슴속 슬픔을 내려놓고
하늘 가득 스치는 꽃향기를 따라서
꿈꾸듯 사랑은 살포시 다가옵니다

저 맑은 하늘빛에 마음을 싣고
향기로운 눈빛 미소 가득 흩날리며
내 가슴속에서 푸르게 펼쳐지는 새로운 삶

사랑은 더 이상 슬프지 않게 기쁨으로
함께 웃을 수 있는 날만 있기를 바라며
그대와 나를 향해 걸어옵니다

그대

먼 그리움으로 꽃 속에 숨어
울던 그대가 곱게 웃음 지으며
내 가슴속에 향기로 찾아듭니다

어지러운 바람 지나고
눈부시게 아름다운 꽃잎 펼치며
나를 부르는 소리

유월의 풀밭에서 새 빛으로
욕심 없이 피어나는 꽃
바로 그대입니다

10. 그대 한지, 혼합채색

어느 봄날에

마냥 그리울 땐
그림자 한 가닥 길게 풀어서
진달래꽃 꿈을 따르고

마냥 울고 싶은 날엔
구름 위에 누워 마음의 꿈을
노래하며 흘러간 세월

가만히 들여다보니
있는 듯 없는 듯
다소곳이 소박한 내 사랑

11. 어느 봄날에 한지, 혼합채색

비오는 날

마음을 가르는 빗줄기에
산봉우리 봉우리마다
젖은 어깨 기대어
외로움 벗어난다

애틋한 우리 사랑도
눈물 진 자리마다
아름다운 삶을 노래하며
푸르게 푸르게 젖어가는 길

고요의 틈새 오롯하게
피어나는 싱그러움 속에서
마음과 마음이 손을 잡고
맑은 강물 위를 행복으로 흘러간다

12. 비오는 날 한지, 혼합채색

찔레꽃처럼 하얀 독백으로

풀 물든 가슴속에
수줍게 웃고 있는
사랑스런 얼굴

불어오는 바람 속
푸르른 나무들이
서로 서로 마음을 열고
속삭이며 미소 지을 때

지나온 발자국 하나 둘
다시 밟아가며
투명한 하늘 빛 만큼
행복한 그대와 나

소리 없이 저 산을 넘는
기쁨의 숨결이
설레는 가슴 속에서
찔레꽃처럼 하얀 독백으로
초록 물들이고 있다

13. 찔레꽃처럼 하얀 독백으로　한지, 혼합채색

14. 아름다운 그대 사랑으로 한지, 혼합채색

아름다운 그대 사랑으로

두 눈 맑게 씻기운
눈부신 오월의 하늘에서
그대 사랑으로 향긋한 삶을
살아가게 하소서

눈물 흘리며 외로움으로
지나온 길마다 울음 멈추고
아름다운 그대 사랑으로
내일의 꿈을 향해 걷게 하소서

저마다의 푸르름으로
평화를 노래하는 오월의 숲에서
풀잎 한 장 입에 물고 웃음 짓는
그대 사랑으로 행복한 삶이 되게 하소서

그대 정다운 마음속으로

하늘을 향한 새들의
노랫소리가 그리움 물들이면
그대 정다운 마음속으로
추억이 걸어간다

물안개 오르는
호숫가에서
잔잔한 물결로
아롱지는 그대 사랑

풀잎 끝에
글썽이던 이슬방울들
하나 둘 행복하게
웃음 지으면

추억은
한 걸음 한 걸음
그대 마음속으로
사랑이 되어 걸어간다

15. 그대 정다운 마음속으로 한지, 혼합채색

그대가 오는 날

오랜 침묵과 외로움으로
그리움이 깊어가던 날
하늘 푸르게 환한 웃음으로
그대가 옵니다

바람결에 일렁이는
오월의 풀잎처럼
싱그러움 가득한 몸짓으로
그대가 옵니다

아름다운 인연들이 숨 쉬는
오월의 들녘 너머로
햇살 반짝이는 하늘을 손잡고
그대가 오는 날

진실 된 믿음하나로
그대의 마음소리에 귀 기울이면
세상 모든 것들이
환희와 기쁨으로 가득 차오릅니다

16. 그대가 오는 날 한지, 혼합채색

17. 그대를 만난 오늘 한지, 혼합채색

그대를 만난 오늘

고요히 밀려갔다
밀려오는 내 영혼의 기쁨

출렁거리는 웃음에
눈을 감고
마음이 싹트는 시간

달빛 굽이치며
품속을 파고든다

사랑에 잠겨 너울대던 마음

밤에 피어난 별꽃을 향해 나비 한 마리 날아간다

축축이 젖은 밤하늘 눈가 별빛으로 아롱지는 얼굴

사랑에 잠겨 너울대던 마음은 가슴 가득 별꽃을 안고

고요히 그대 곁에 다가가 달빛의 품에 안겨 잠이 든다

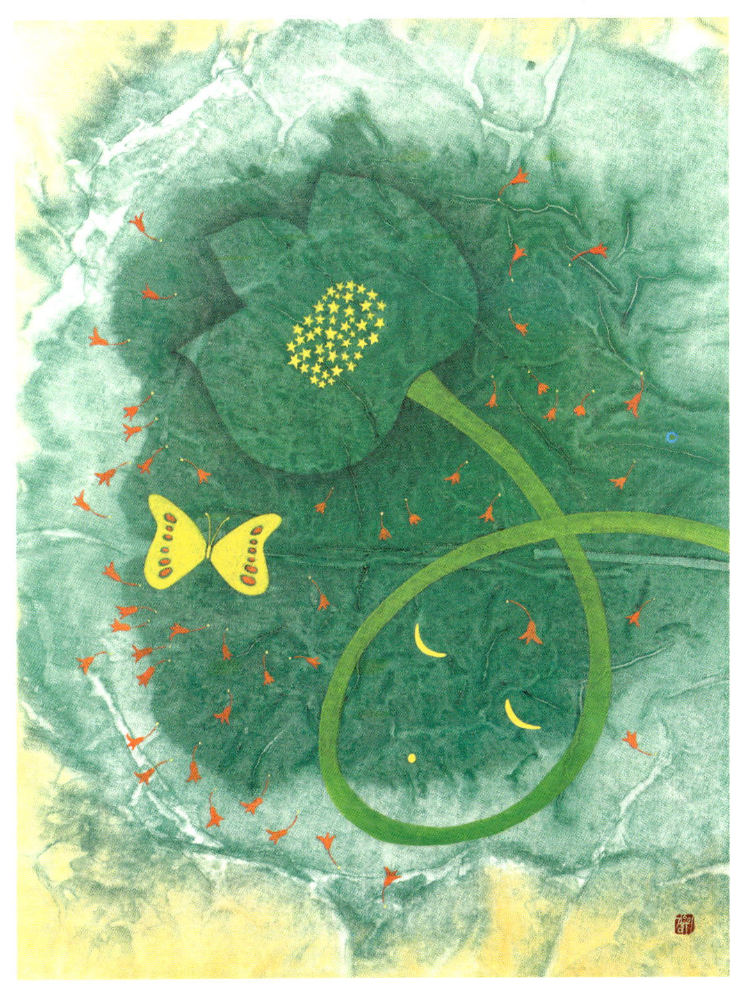

18. 사랑에 잠겨 너울대던 마음 한지, 혼합채색

19. 초록 물들이는 마음으로 한지, 혼합채색

초록 물들이는 마음으로

영혼의 빛깔들 앞 다투어 얼굴 내밀고
바람 맞이하는 초록빛 세상에서
지금 나는 그대를 사랑하고 싶습니다

눈부시게 하늘거리는 아름다운 꽃자리
영원토록 머물고 싶은 그대 품안에
한걸음 한걸음 설레는 마음으로 다가가

살며시 그대 손을 잡고 초록 물들이며
행복을 여는 새로운 세상에서
나는 지금 그대를 사랑하고 싶습니다

20. 사랑하는 이여 한지, 혼합채색

사랑하는 이여

가없는 푸른 하늘엔 연초록 물결치듯
그대가 구름 따라 흘러갑니다

옹기종기 모여 앉아 있는 풀잎 사이로
자운영 꽃 한 송이 맑고 순결한 몸짓으로
눈인사를 건네고

보이는 곳마다 벅찬 숨결로
초록빛 머금은 오월이
장엄한 축복으로 출렁입니다

사랑하는 이여
이 아름다운 계절 오월에
눈물 가득한 그리운 내 사랑도

환희와 젊음의 향기로
오래 오래 내 가슴에 머물러
그대가 울지 않았으면 합니다

21. 눈물 훔치며 한지, 혼합채색

눈물 훔치며

물 따라 길 따라
풀잎 스치며 흔들리다
눈물 머금고
사랑이 지나간다

외로움 가득한
바람을 안고
풀물 든 몸짓으로
눈물 훔치며 지나간다

나직이 속살거리는
풀꽃의 노래로 사랑은
잠시 웃음 짓다 눈물 훔치며
내 가슴을 스쳐 지나간다

그대 맑은 웃음으로

잔잔한 슬픔으로
별을 세며 눈물짓던
내 아픔이

그대 맑은 웃음으로
마음까지 깨끗해진 풀꽃에 기대어
가슴 가득 별들이 반짝이고

바람 불어
아프게 가슴을 치던
푸른 호수도

물결 위에 별을 띄우고
하얀 달빛 웃음 머금다
그대 품안에서 고요히 잠이든다

22. 그대 맑은 웃음으로 한지, 혼합채색

23. 하늘빛 사랑 한지, 혼합채색

하늘빛 사랑

커다란 보름달이
희망의 나래 펼치며
꿈이 익어갈 때

새들의 노래 소리 따라
티 없이 맑은 하늘빛으로
쏟아지는 사랑

순결한 영혼을 가진 바람
걸음걸음 마다 설레임으로
출렁거리고

사랑은
풀잎의 마음에 귀 기울이며
잔잔한 기쁨의 강물로
끝없이 흘러간다

24. 꽃보다 더 아름다운 마음으로 한지, 혼합채색

꽃보다 더 아름다운 마음으로

하얗게 쏟아지는 별 밭에 엎디어
그대 생각으로 그리움의 길이가
더 깊어지던 날

마음의 불을 환히 밝히고
아카시아 꽃향기처럼 그대가 옵니다

산들거리는 바람 따라
잎과 잎들이 달빛을 품고
고요히 가슴을 풀어 헤칠 때

나는 그대를 더 오래 사랑하기 위해
천천히 한 걸음 한 걸음 다가섭니다

이파리 마다 이슬이 맺히고
그대의 따뜻한 눈망울 속에
새벽 별빛 아름답게 피어오를 때

내 고단함을 벗어두고 꽃보다 더 아름다운
마음으로 그대 사랑을 읽어 갑니다

사랑이 웃음 짓는 자리

커다란 이파리 나폴거리는
여름 나무 아래
정답게 서있는 그대와 나

저무는 들녘 길엔 작은 꿈들이
하나 둘 새로이 솟아오르며 웃음짓고
땀 흘리며 풀밭 위를 맨발로 걸어가던 바람은
깊고 편안하게 우리 가슴에 안겨온다

여름나무 설레는 가슴속에서
그대와 내가 새로운 행복을 펼쳐가며
사랑을 노래하고 있을 때

조각달 첨벙대며 강을 건너고
희망가를 부르던 밤하늘 별들은
졸음에 겨운 눈을 비비며
사랑의 시를 써내려가고 있다

25. 사랑이 웃음 짓는 자리 한지, 혼합채색

사랑은 보랏빛 등불을 밝히고

새 봄빛 파고드는 가지마다
세월의 꽃이 희망으로 풀어지는 날
사랑이 초롱초롱한 눈망울로
보랏빛 등불 하나 밝혀 둔다

바람이 지나는 자리마다
새로운 계절이 하늘빛으로 열리고
꽃구름 꿈을 따르는 그대와 나의
아름다운 눈망울 속엔 사랑 가득하다

가는 세월 따라 밀려오던 그리움들이
푸른 허공 어루만지며 가슴을 열고
모든 슬픔이 사라져간 우리 사랑은
맑은 보랏빛 향기로 새록새록 피어오른다

26. 사랑은 보랏빛 등불을 밝히고 한지, 혼합채색

27. 내님의 향기 한지, 혼합채색

내님의 향기

그리운 님
아직도 별 밭에 앉아 있는데
계절은 흐르고 또 흘러간다

때 묻지 않은 세월은
언제나 맑은 얼굴로 손을 내밀고
굳어가던 기억들은 하나 둘
하늘로 날아올라 사랑을 키운다

소중한 추억들이
구름을 타고 새처럼 날아가며
행복한 사랑 이야기들을 풀어 놓고

실바람에 실려 오는 내님의 향기는
하얀 달빛 쌓이는 길 위에서
고운 웃음으로 별을 헤며
다정하게 눈인사를 건넨다

28. 꽃처럼 피어나는 사랑 한지, 혼합채색

꽃처럼 피어나는 사랑

즐거운 생각들이
꽃처럼 밝게 웃으며
걸어가는 길에 사랑도
꽃처럼 피어난다

지는 해에도 쓸쓸해하며
흔들리던 풀잎들은
소리 없는 빗줄기에 웃음 섞이고
여린 바람은 꽃을 매달고
행복으로 흘러간다

풀 향기 부드러운 초여름이
푸른 하늘에서 내려와 숲속을
한 바퀴 돌다가 달빛에 취해
내 사랑을 풀꽃으로 품고 잠이든다

사랑은 풀꽃 머리에 이고

아픔으로 흔들리던 사랑이
환하게 얼굴 내민 작은 풀꽃을 바라보다
눈빛 서로 반짝이며 웃음 짓는다

듬성듬성 불어오는 바람을 안고
푸르름으로 생생한 풀밭에서
어둠을 뚫고 희망으로 솟아오르는 길

외로움으로 눈물 머금던 사랑은
풀꽃 머리에 이고 새 희망의 날갯짓으로
아름다운 봄을 노래한다

29. 사랑은 풀꽃 머리에 이고 한지, 혼합채색

30. 서로를 품고 사는 숲속에서 한지, 혼합채색

서로를 품고 사는 숲속에서

어느 길로 가야 할지 더 이상
알 수 없던 사랑이 허공을 맴돌다
사색에 잠기며 푸른 숲에 머문다

고요한 바람결에 얼굴을 묻고
서로를 품고 사는 숲속에서 누군가
다정한 눈빛으로 인사를 건네면

어느덧 사랑은 온 몸을 활짝 펴고
풀잎위에 앉아 생각을 풀어 헤치다
마음의 벗이 되는 나무들을 따라나선다

다정한 눈길을 향해 환하게 미소 지으며
바람 따라 숲속을 걸어가던 사랑은
총총히 빛나는 별처럼 푸른 꿈을 안고

쪽빛 향기 흩날리는 하늘을 향해
희망으로 힘껏 날아오르며
행복한 메아리로 울려퍼진다

31. 순정 어린 사랑 한지, 혼합채색

순정 어린 사랑

고요한 하늘가
눈시울로 젖어드는
맑은 그리움

서글픈 자취는
꽃잎 물들이고
순정어린 사랑은
홀로 가슴 적신다

아름다운 정적이
침묵의 향기로
너그럽게 빛날 때

사랑은
아주 작은 바람 일렁이다
허공에 떠가는 구름 따라
말없이 길을 떠난다

우리는 지금도 아름다운 봄날

푸른 하늘 머금은
그대 눈빛이
환하게 웃음 짓던 날

햇살 말갛게 스며든
새하얀 내 마음은
봄꿈 피어나던 길

가슴 설레며
흔들리는 꽃잎 위에서
움트던 사랑

즐거운 마음 꽃피우며
행복한 꿈 찾아 걸어가던
우리는 지금도 아름다운 봄 날

32. 우리는 지금도 아름다운 봄날 한지, 혼합채색

33. 홀로 앉아 울고 있는 슬픔 한지, 혼합채색

홀로 앉아 울고 있는 슬픔

따뜻해진 가슴들이 서로 기대고
포근하게 웃음 짓는 꽃들의
숨결 뒤로 슬픔이 밀려온다

서로의 상처로 얼룩진 마음속엔
꽃잎 흩어져 내리고 끝없는 슬픔이
눈물로 이어지는 길

지나가던 속 깊은 바람은 아려오는
내 가슴을 부드럽게 어루만지며
위로의 노래를 건넨다

어쩌면
그 슬픔도 큰 희망과
사랑이 될 것이라고

그대 사랑의 힘

그대 사랑으로
피어나는
한 송이 꽃

걸음걸음마다
마음의 손짓으로
고개 끄덕이며
꽃잎 펼친다

꽃이 핀 마음은
언제나 맑은 이슬
머금은 눈빛

영롱한 무지개를 따라서
아낌없는 향기를 내어 주며
고운 빛 전하는
그대 사랑의 힘

34. 그대 사랑의 힘 한지, 혼합채색

그대 그리움

산자락 휘감고 피어난 꽃잎 따라
발그레한 얼굴로 웃음 보채는 봄 앞에서
녹아내리는 그대 그리움

맑고 투명한 하늘엔 꽃길이 열리고
바람의 속삭임엔 새로운 꿈들이
선명한 날갯짓으로 수줍게 나부끼는 봄빛

꿈꾸듯 환희로움이 방울방울
웃음 뿌리며 꽃잎 날릴 때
하늘을 향해 솟아오르는 그대 그리움

35. 그대 그리움 한지, 혼합채색

36. 사랑 전하는 봄 꽃 한지, 혼합채색

사랑 전하는 봄 꽃

햇살 따스함
머리에 이고
하늘거리는 웃음은
그대 따뜻한 마음 전하는
빛 고운사랑

바람이 머물러
살아있는 몸짓은
어둠으로 가려진 내안에
작은 고요로 노란 등불하나
환하게 밝혀두고

푸른 하늘에 가려진
내 슬픔을 부드럽게 위로하며
그리운 내 사람에게도
맑은 영혼 전하는 봄 빛 웃음
아침 햇살 같은 봄 빛 사랑

기쁨의 눈물 한 방울

그대 너그러운 눈빛에 안겨
온 몸을 활짝 펴고
내 영혼은 깊은 샘물처럼
맑아져 간다

푸르른 날
푸른 꿈 안고
꽃처럼 피어나는 행복

고운 향기 어린
기쁨의 눈물 한 방울이
고요히 내 가슴속에
사랑으로 떨어진다

37. 기쁨의 눈물 한 방울　한지, 혼합채색

푸른 희망가를 부르던 사랑

어지럽게 늘어선 기억 사이로
봄이 아지랑이를 타고 지나간다

고요한 떨림으로 꽃들이 자라나고

구름 나그네가 되어 몇 날 동안 허공에서
푸른 희망가를 부르던 내 사랑은

봄꽃에 기대어 슬픈 달빛 맞이한다

38. 푸른 희망가를 부르던 사랑 한지, 혼합채색

39. 그대와 나의 희망 한지, 혼합채색

그대와 나의 희망

마음의 문을 활짝 열어두고
꿈꾸는 밤이 깊어간다

맑은 향기 머금은
바람이 지나며

머무는 행복
머무는 사랑

내일을 향한 속삭임으로
작은 평화 깃드는 하늘엔
그대와 나의 희망이 가득하다

꽃으로 피어나는 그대

달빛 웃음 안고
가슴 적시면
내 그림자를 안고
꽃으로 피어나는 그대

40. 꽃으로 피어나는 그대 한지, 혼합채색

41. 꽃물 들이며　한지, 혼합채색

꽃물 들이며

봄 햇살처럼
찾아든 사랑

행복한 그대 입가에
꽃물 들이며

웃음 머금던 사랑
눈물 머금던 사랑

들꽃 앞에선 부끄럽다

순수함을 껴안은
그대와 나의 사랑이

들꽃 언덕에 앉아
행복을 노래하지만

바람에 흔들려도
늘 맑은 웃음으로

세월을 읽고 가는
들꽃 앞에선 부끄럽다

42. 들꽃 앞에선 부끄럽다 한지, 혼합채색

그리운 빛

시름 속에 피어난
길 위의 꽃들은
아지랑이처럼 타오르며
세월을 노래하고

침묵으로 고뇌하며
가슴속에 머물던
내 사랑은

푸른 하늘가에서
그리운 빛으로 춤을 추다
일곱 빛깔 무지개로
그대 사랑을 그리고 있다

43. 그리운 빛 한지, 혼합채색

44. 마음의 향기 한지, 혼합채색

마음의 향기

외로운 나뭇가지에
고운 자태로
꽃 한 송이 피어나
소박하게 웃고 있다

어둠 별빛 속을 떠돌던
맑은 향기는 온 몸에
새하얀 웃음 담고
사색에 잠긴 그대의 사랑

하늘 빛 건너 아득히
먼 날들이 새벽의 환희로
희망을 그리고 있을 때

아픈 길목 서성이다
바람결에 영롱한
눈물 한 방울로
꽃 한 송이 지고 있다

45. 사랑으로 걸어오는 봄 산 한지, 혼합채색

사랑으로 걸어오는 봄 산

내 소란한 일상이 빗줄기를 타고
조용히 흘러내린다

비를 맞으며 길 위에 서면
차마 버리지 못한 슬픔들이
침묵으로 떠다니다
마른 풀섶에 빗물 고이듯
아프게 눈물이 맺힌다

깊은 상념들이 빗물로 번져가며
말없이 슬픔을 붙들고 있을 때쯤

저 멀리서 푸른 봄 산이
희망의 봉우리에 행복을 담고
산허리엔 한 아름 꽃을 피우고
맑은 웃음으로 사랑을 노래하며
나를 향해 그대처럼 걸어온다

46. 눈물 가득한 그대 눈가엔 한지, 혼합채색

눈물 가득한 그대 눈가엔

안녕하며 지난 추억이 곱게 물든
나뭇잎에 앉아 그리움을 노래 할 때
종일토록 눈물 가득한 그대 눈가엔
깊은 사랑이 흘러간다

하염없는 기다림으로
외로움이 걷고 있는 하늘가에서
그렁그렁한 눈물방울들이 고요를
깨트리며 한 잎 낙엽으로 떨어지고

내 그리운 이는 서산마루
넘어가는 해를 따라 손을 흔들며
그대가 걸어온 길을 향해
추억의 향기로 붉게 저물어간다

그리움 안고 가는 사랑

구름들 사이사이 봄꿈을 꾸며
엷은 미소 번지는 눈빛 고운 내 사랑

기쁨으로 두 눈 가득 분홍빛 물들이며
해맑은 얼굴로 웃음 짓는 사랑

가슴엔 한 가득 희망을 안고
살랑 살랑 풀씨를 날리며 꿈꾸는 행복

잔잔한 바람과 풀들의 화음 속에서
사랑의 마음으로 그리움 안고 가는 그대는

내 가슴속에서 분홍빛 물결로
아름답게 움트는 새로운 봄

47. 그리움 안고 가는 사랑 한지, 혼합채색

48. 내 사랑 풀꽃 한지, 혼합채색

내 사랑 풀꽃

다소곳이 고개 내밀어
나를 부르는 키 작은 풀꽃

봄 아침 고운 빛으로 가슴에 안겨
해맑은 아이처럼 포근하다

바람 하느작거리면
수줍은 구름 하늘에 둥실 떠가고

작은 여유로움으로 행복을 꿈꾸며
숨 쉬는 내 사랑 풀꽃

49. 행복이 그대 손을 잡고 한지, 혼합채색

행복이 그대 손을 잡고

풀잎들이 외로움의 문을 열고
하늘하늘 노래를 하면
따스한 눈길로 활짝 웃으며
다가오는 사랑스런 그대

구름 흩날리는 바람 길엔
내안의 행복이 그대 손을 잡고
크게 웃으며 흐르는 하늘가엔
밝은 햇살로 기쁨이 피어오른다

50. 아프게 흔들리는 인연 한지, 혼합채색

아프게 흔들리는 인연

맑은 달빛 맞이하며
그대가 서성인다

고요히 솟구쳐 오르는 바람 속에서
닿을 수 없는 인연은 아프게 흔들리다
외로움에 시선이 머물고

별들이 잠든 하늘 저 멀리
깊은 침묵이 흐르는 길

그리움 저무는 산길엔 그대 가슴속에
머물다 가는 계절이 밀려왔다 밀려가며
나무들 사이로 서늘한 바람만 흐르고 있다

51. 빛바랜 시간 한지, 혼합채색

빛바랜 시간

오래된 기억들이
외로움으로 일렁이다

들녘 너머 너울대는
보랏빛 하늘에 스며들고

빛바랜 시간 속에서
지난날의 향기는

저녁별 머리에 이고
자꾸만 그리움으로

꽃망울 터트리며 터트리며
사랑으로 지나간다

사랑이 마음을 열고

가고 오는 시간 속에서
기나긴 여운으로 남겨질 사랑

움츠렸던 가슴속에선
보드라운 숨결로
이야기들이 꽃잎을 펼치며
그대를 향하고

우리가 함께 했던 그 자리엔
사랑이 마음을 열고 들어서서

숨소리 나직하게
아름다운 꽃잎 펼치며
더 이상 슬프지 않을 꽃 마음으로
새로운 바람 맞이한다

52. 사랑이 마음을 열고 한지, 혼합채색

53. 그대 영혼을 건너가는 꽃길 한지, 혼합채색

그대 영혼을 건너가는 꽃길

눈물 드리운 능선 따라
바람의 메아리로 꽃 진 자리
상처로 풀어놓고

해 저무는 하늘가에
정처 없이 떠도는 그리움

어둠에 가려진 가냘픈 눈빛은
희망의 꽃이 피기를 기다리며
새벽 별빛 품에 안고

흔들리며 흔들리며 걷는 이 길은
그대 영혼을 건너가는 꽃길

54. 시간은 잠시 꽃에게 머물고 한지, 혼합채색

시간은 잠시 꽃에게 머물고

꿈꾸는 나비 파란 하늘을
빈 가슴으로 산책하다
고요히 잠이 들고

여백으로 흐르는 시간

보이는 곳마다 빛나는 희망으로
기쁨 흩날리는 길

애잔한 향기 머금은 내 사랑은
외로운 꽃 한 송이로 피어나
맑은 바람 맞으며 웃음 짓는다

55. 사랑은 한지, 혼합채색

사랑은

마른 풀 한 가닥 같은
외로움이 울음 터트리는 봄

싱그러운 잎새 사이 소박한 빛으로
꿈 밭에 서 있는 그대

하늘가를 스치는 내 숨결에
그리운 얼굴 하나 웃고 있는데

산허리에 걸린 봄바람에
사랑은 살을 에이는 듯 아프다

애끓는 내 손을 잡고

차마 말하지 못했던 사랑이
기쁨으로 반짝이며 눈부심으로
피어나는 길

새로운 봄이 흐르는 강가에서
따스한 햇살로 마음의
꽃을 피운 그대는

힘든 여정의 길에서
울먹임으로 애끓는
내 손을 잡고 봄 마중 간다

56. 애끓는 내 손을 잡고 한지, 혼합채색

그냥 멀리서

그냥 멀리서
가슴에 고인 연분홍빛 향기로
그대를 품고 삽니다

마음이 빚어낸 그리움은
은은한 달빛미소 속에
소중한 사랑으로 간직하고

잠 이루지 못하는 밤이면
고요히 일렁이는 바람결에
잠시 그 곳에 머물다

그냥 멀리서
가슴에 고인 연분홍빛 향기로
그대를 품고 살아가렵니다

57. 그냥 멀리서 한지, 혼합채색

58. 풀물 든 기도 한지, 혼합채색

풀물 든 기도

하늘가엔 풍성함으로
풀내음 흩어질 때

드문드문 들녘을 산책하며
웃고 있는 그리운 얼굴

푸르게 물들어 오는
초록의 언덕길

해질녘 고요한 적막으로
산등성이에 걸터앉아

풀물 든 기도로
사랑은 눈물 머금는다

연두 빛 사랑 하나

해묵은 아픔들이
진눈깨비 맞으며
생각에 잠긴다

지난날들이 질펀하게 앉아
얼굴을 내밀고
그리움 나뭇가지에 걸려
바람 스치면

내 인생은 또다시
차갑고 낯선 세상 속으로
걸어가며

춘삼월을 향한
연두 빛 사랑 하나
가슴에 걸어둔다

59. 연두 빛 사랑 하나 한지, 혼합채색

60. 소망을 담는 사랑 한지, 혼합채색

소망을 담는 사랑

진달래 향기 입에 가득 배이면
그대 웃음소리가 하늘에 나부낀다

늘 새봄처럼 푸른 희망으로
찾아오는 그대

두근거리는 가슴은 봄꽃 붙들고 앉아
행복에 젖어가며 봄 물결 아롱지는 길

눈부신 햇살 따라 맑은 영혼으로
기대어 오는 그대를 품고

내일의 소망을 담는 사랑
나의 소중한 사랑 그대여

그대 사랑으로

오월의 바람 부드럽게 얼굴을 부비며
내 가슴속을 파고든다

두 눈 감고 푸른 빛 물결 안으면
상큼한 풀 향기가 온 몸에 물들어
흰 구름 둥실 사랑을 꽃피우고

희망 섞인 꿈들이 초록빛 껴안고
풀잎 사랑으로 자라나 반짝이면

내안에 무겁게 떨어지던
외로움들이 오월의 바람 안고
그대 사랑으로 웃음 짓는다

61. 그대 사랑으로 한지, 혼합채색

수줍음으로 서로 부둥켜안으면

한결같은 마음으로
행복의 꽃망울이 맺힌다

수줍음으로 서로 부둥켜안으면
눈이 부시게 고운 꽃잎 펼치고

그대 안에 웃음소리 기쁨으로
가득하면 아름답게 익어가는 사랑

사랑은 희망의 날개를 달고
내 가슴속에서 고요하게 피어난다

62. 수줍음으로 서로 부둥켜안으면 한지, 혼합채색

달마중

맑은 대지의 희망이
그대 사랑으로 눈이 부시다

시원한 바람 하늘을 가르고
향긋한 생명의 소리

누구도 대신할 수 없는
내안의 고귀한 달빛 사랑

오늘도 나는 그대의 아름다운
마음속으로 달마중 간다

63. 달마중 한지, 혼합채색

64. 풍경 한지, 혼합채색

풍경

무심한 풍경 속으로
걸어가는 사랑

밤 새
강물위로
떨어지는 별 빛

조각달이
노를 저으며
시린 가슴을 달랜다

희망으로 마음의 문을 열면

희망으로 마음의 문을 열면
세상 모든 기쁨들이 눈웃음친다

새벽하늘의 삶은 세상에서
가장 빛나는 눈빛으로 입맞춤하며
가지마다 아름다운 색으로 꿈을 틔우고

환한 미소번지는 꽃들은
사랑의 마음을 담아 오묘한 빛으로
펑펑 터져 오른다

흘러가는 세월 따라 삶의 자국들이
잠시 추억에 잠기면

조용히 떠오르는 아침 햇살 같은
그대 사랑이 아주 행복한 모습으로
봄의 발자국처럼 찾아든다

65. 희망으로 마음의 문을 열면 한지, 혼합채색

서로의 아픔을 껴안고

희미한 흔적으로 그림자 길어지는 날

하늘가를 스치던 내 소중한 사랑이
따뜻한 마음으로 손을 잡는다

아침 해가 시원한 바람을 뚫고 지나가고

우리사랑은 서로의 아픔을 껴안고
저 하늘 위에서 사랑으로 새순 돋아난다

66. 서로의 아픔을 껴안고 한지, 혼합채색

67. 그리움이 가득 박힌 들꽃 한지, 혼합채색

그리움이 가득 박힌 들꽃

맑은 햇살 머금은
하늘 위로 꿈이 떠돌고
깊고 깊은 땅속에선
희망을 껴안고 초록이 움튼다

사방이 고요한 길을
한참이나 걷다가
스쳐가는 바람결에
들려오는 향기를 따르니

꽃눈에 그리움이 가득 박힌
들꽃이 내 두 눈에 아픔을 담는다

그 마음을 헤아리고 헤아리다
내가 속으로 웃으니 들꽃 함께
그대 사랑도 웃음 짓는다

웃음 한껏 머금은 그대 향기로

조용히 봄노래 부르며
하늘로 오르는 아침 해

그대 숨결로 안개 걷히고
소중한 내 사랑도 해맑은
웃음으로 행복 가득하다

서로 마주한 눈빛들은
산마루에 모여 사랑을 키우고

웃음 한껏 머금은 그대 향기로
내 가슴 속에서는 사랑 가득
봄꽃이 피어난다

68. 웃음 한껏 머금은 그대 향기로 한지, 혼합채색

그리움이 침묵으로 일렁이다

희끄무레한 그림자
안개 속에서 서성이다
더 이상 갈 수 없는 길

깊은 어둠속을 기웃거리다
무언가 읊조리며 헤매는 마음

가슴속 깊이 내려앉은 그리움이
침묵으로 일렁이다 눈물에 가려
사랑으로 맺힌다

69. 그리움이 침묵으로 일렁이다 한지, 혼합채색

70. 그대 마음 안에서 비를 맞으며 한지, 혼합채색

그대 마음 안에서 비를 맞으며

그대를 향한 내 사랑이
젖은 어께 기대고
두 눈 감고 있지만

시름에 깃든 마음
그리움의 끝을 따라가며
생각은 그칠 줄 모르고

그대 마음 안에서
비를 맞으며
정처 없이 걷고 있다

햇살 눈이 시리게 맑은 날

경이로운 생명력 위로
따뜻한 숨 불어 넣으며
지나가는 바람

아름다움이 서로
마주하는 눈길마다
온갖 희망들이
사랑으로 가득하고

다소곳이 고개 내민
연두 빛 새싹들은
내 가슴속에서 사랑하는 이를
외롭지 않게 하네

71. 햇살 눈이 시리게 맑은 날 한지, 혼합채색

72. 봄꿈을 안고 한지, 혼합채색

봄꿈을 안고

은은하게 부서지는 바람
그대 곁을 스치며 봄꿈을 안고

바람의 길이를 세며
늘 푸르게 웃음 짓는 나무들

곤곤한 그리움으로 아지랑이를
따라가며 아롱지는 사랑

내안의 그대도 환하게 미소 지으며
봄꿈을 안고 꽃으로 피어났으면

달을 삼킨 그리움

달을 삼킨 그리움이
쓸쓸히 찬바람 맞으며
저 홀로 눈물 솟을 때

맑고 가녀린 새 순
외로움 등에 지고
눈물겨운 삶으로

영혼 속 깊이
아프게 아프게
잔설 비집고 있다

73. 달을 삼킨 그리움 한지, 혼합채색

사랑이 서로 손을 잡고

눈물겹던 삶의 시간 속에서
그대와 나의 사랑이 서로
손을 잡고 꽃으로 잉태한다

온화한 바람결은
햇살이 빛나는 하늘을 오가며
행복의 향기로 우리를
흔들어 깨우고

가슴 적시던 그리움들은
내일을 향한 희망으로
한껏 꿈을 노래하며
축복의 꽃잎을 펼치고 있다

74. 사랑이 서로 손을 잡고 한지, 혼합채색

하늘 빛 적시며 찾아든 인연

별 밝은 하늘에는 내 근심어린 방황이
고요한 달빛 깃들어 나직이 흘러가는데

물안개 드리운 강가로
정답게 웃으며 다가오는 그대

하늘 빛 적시며 찾아든 소중한 인연

그대 따뜻한 품속에서
내 영혼은 오래오래 밝게 빛나리

75. 하늘 빛 적시며 찾아든 인연 한지, 혼합채색

가슴 벅찬 눈물로 더 아름다운 사랑

햇살 한 줌으로 꽃길이 열리면
잔잔한 바람 머금고
아스라이 번져 가는 사랑

이제 막 깨어난 영혼들은
따스한 눈빛 파랗게 물들어
축복 속에 웃음꽃 피우고

그대 마음이
고요하게 달빛 희망으로
나를 품에 안으면

내안엔 가슴 벅찬 눈물로
더 아름답고 소중한
내 사랑이여

76. 가슴 벅찬 눈물로 더 아름다운 사랑 한지, 혼합채색

77. 움트는 사랑 한지, 혼합채색

움트는 사랑

그대와 함께한 시간들이
봄처럼 걸어서 온다

지친 바람 속을 오가며
출렁 거렸던 그리움들은

온화한 향기로
겨울눈 녹이고

다소곳이 고개 숙여
명상에 잠긴 마음은

행복을 떠받치고 앉아
아름다운 사랑으로 움이튼다

사랑의 눈빛으로

그대와 나의 풋풋한 설렘들이
영혼의 뜨거운 눈물로 새롭게
생명력을 길어 올리는 날

슬픔으로 끝내 서러워
눈물짓던 어둠의 긴 시간들은

하늘 높이에서 사랑의 눈빛
서로 마주하며 푸르른 행복으로
내일을 꿈꾸며 간다

78. 사랑의 눈빛으로 한지, 혼합채색

고귀한 사랑

그리움으로 애달프게
서성이다 두 눈감으면

공허한 가슴속에 사랑으로
가득 차오르는 얼굴

바람처럼 달려와
다정하게 손잡으면

모든 슬픔 사라지는
고귀한 내 사랑

79. 고귀한 사랑 한지, 혼합채색

80. 들려오는 그대 마음 소리 한지, 혼합채색

들려오는 그대 마음 소리

달빛 곱게 일렁이면
익숙한 웃음소리 귓가에 맴돈다

저녁 하늘가에 그대 숨결로
아름답게 머무는 달빛

사랑은 행복으로 나부끼다
새벽하늘 기도로 고요히 눈 감으면

그대 마음 소리가 깊고 편안하게
내 가슴에 안겨온다

너울대는 작은 슬픔

유난히 반짝이는 별빛 따라
묵은 상념들이 헤매 도는 길

한줄기 눈물이 고여
서글픈 눈빛 걸음은
길섶에 드넓은 영혼을 담는
내일의 빛 이련가

어둠속으로 떨어지는
바람의 손짓

잠 못 이루고 뒤척이는
허전한 마음이
밤하늘 별빛 헤아리다
작은 슬픔으로 너울대고 있다

81. 너울대는 작은 슬픔 한지, 혼합채색

웃음이 둥글게 배인 그대 얼굴

추억을 읽으며 가는 길에
웃음이 둥글게 배인
하늘 빛 그대 얼굴

멈추었던 발걸음이
마음을 풀어헤치며
기쁨으로 손 내밀지만

외로움 젖어든 하늘가엔
그대 얼굴 맴돌며
구름만 떠가고 있다

82. 웃음이 둥글게 배인 그대 얼굴 한지, 혼합채색

내 영혼의 슬픈 노래

세월의 흔적마저 사라져간
텅 빈 하늘에
새 한 마리 날아간다

꽃이 피고
꽃이 진다

꽃잎 밟는 바람소리
그리고
내 영혼의 슬픈 노래

83. 내 영혼의 슬픈 노래 한지, 혼합채색

참사랑의 향기

산책을 즐기는 여유로움 속에서
내 가슴에 소중한 것들이
그대 사랑으로 흘러간다

바람은 산들 산들
웃음으로 젖어가고

푸른 고요 속에서
기쁨이 별빛만큼 반짝일 때

그대는 참사랑의 향기로
붉어지는 노을 능선에 앉아
웃고 있다

84. 참사랑의 향기 한지, 혼합채색

내 안에 고운 그대

산바람 물소리에
별들도 눈을 뜨는 새벽

환희의 미소로 꽃잎 적시고 갈
아름다운 날들이 하늘 저 멀리
소망의 나래 펼칠 때

찬란한 새 날을 맞이하며
눈부시게 웃고 있는 내안에 그대

달빛고운 사랑 하나
달빛고운 행복 하나
달빛고운 그리움 하나

85. 내 안에 고운 그대　한지, 혼합채색

86. 눈물 한 방울로 스며든 사랑 한지, 혼합채색

눈물 한 방울로 스며든 사랑

흐르는 강물 사이로
사랑 하나 찾아 든다

새로운 삶으로
출렁대는 길 위에
그리워지는 시간들이
또 다른 시간 속으로 걸어가고

한 생애를 방황하며
아팠던 시간을 뒤로 한 채
진정한 삶의 소중함을
깨달아가는 시간 속에서

나를 향한 눈물 어린 사랑이
별이 되어 하얗게 쏟아지는 밤
그대 따뜻한 등에 기대어
눈물 한 방울로 사랑 스며들고 있다

1판 1쇄 인쇄 / 2017년 9월 25일

1판 1쇄 발행 / 2017년 9일 29일

글 · 그림 / 이 유 경

펴낸이 / 서 정 환

펴낸곳 / 신아출판사

등록번호 / 제465-1984-000004호

주소 / 전주시 완산구 공북 1길 16(태평동 251-30)

전화 / (063) 275-4000

팩스 / (063) 274-3131

이메일 / sina321@hanmail.net

인쇄 · 제본 / 신아출판사

값 18,000원

ISBN 979-11-5605-462-7 03810

이 도서의 국립중앙도서관 출판예정도서목록(CIP)은 서지정보유통지원시스템 홈페이지(http://seoji.nl.go.kr)와 국가자료공동목록시스템(http://www.nl.go.kr/kolisnet)에서 이용하실 수 있습니다.
(CIP제어번호: CIP2017025170)